Heinrich Spaemann Wiederentdeckungen

Heinrich Spaemann

WIEDERENTDECKUNGEN

Sabbat — Arkandisziplin — Kirche der „armen“ Mittel

Kyrios-Verlag GmbH Meitingen · Freising

THEOLOGIE UND LEBEN 40

ISBN 3-7838-0159-1
1. Auflage 1977

Einbandgestaltung: Albrecht Wages
Gesamtherstellung: Schnaufer-Druck · Tauberbischofsheim

INHALT

Rettung des Sonntags 7
Wiederentdeckung des Sabbats 9
Rettung des Sonntags 14

Rede, Herr, dein Diener hört! 21
Eine biblische Geschichte 23
Eine heutige Geschichte 32

Dem Heiligen verpflichtet 37
Das Kriterium der Berufung zur Ordination 39

Kirche anders 45
Tür an Tür mit der heutigen Welt wohnen 47
Vorrang der „armen" Mittel — betendes Domkapitel — predigende Bischöfe 48
Neue Arkandisziplin 49
Gottes Gnade geht über menschliche Planung 51
Identität mit den Ärmsten steht über dem Arrangement mit den Mächtigen 51
Präsenz der Kirche vor Repräsentanz 52
Jeder Überfluß gehört den Armen 53

Rettung des Sonntags

Wiederentdeckung des Sabbats

1

Zu meinen früheren Erfahrungen von „Himmel" gehört eine Holzschaukel: zwei Seile, die nach oben gingen, ein Brett zum Sitzen, hinten eine Rückenlehne, vorne eine Querlatte. Der Vater gab einen Schubs, und man erlebte sich alsbald wie schwerelos, sah hoch ins Blaue, und beim Hinauf und Hinunter die Weite jenseits der Zäune und Sträucher. Durch die Eigenbewegung des Körpers hielt man das kleine Gefährt eine Weile in Gang; bevor es stillstand, gab es den neuen „Verstärkerimpuls".

An diese Kinderschaukel fand ich mich erinnert, als ich eines Tages die Abbildung eines alten Freskos sah: Paulus, hinuntergelassen an der Mauer von Damaskus[1]. Daß diese Geschichte gemeint war, erriet man aus dem Zusammenhang; auf dem Bild sah man lediglich folgendes: Das Seil, seine beiden bis zum Bildrand gehenden Enden — wer sie hält, wurde nicht gezeigt —, in der Beuge des Seils ein Kissen, und auf dem Kissen sitzend ein überaus fröhlicher kleiner Mann.

Mir kam der Gedanke: Diese Schaukel, oben, im Unsichtbaren, an Seilen der Liebe befestigt, und in Schwung gebracht durch den Finger des Vaters — für Kinder das erste Vehikel des Erlebens von Befreiung und Entschwerung zugleich, das sie den Himmel und die Welt mit einem Jauchzer der Freude sehen läßt, das nicht ohne eigene Mitwirkung in Schwung bleibt und doch immer neu angewiesen ist auf den Schubs: das ist die Kirche. Pfingsten bekommt sie den ersten großen Schwingungs-

1) An der Südwand der St.-Prokulus-Kirche in Naturns, Südtirol.

impuls, Christentum wird aus einer lokalen Angelegenheit eine geistige Welteroberungsbewegung.

Darf man das Bild weiter ausmalen? Eines Tages nehmen großartige Herrschaften in der Schaukel Platz, und nach und nach werden es immer mehr: Könige, Fürsten, Behörden, Päpste, Erzbischöfe, Gelehrte. Entsprechend wird sie immer prächtiger und bequemer ausgestaltet, ihr zunehmendes Eigengewicht und die Uneinigkeit der Leute auf den Sitzkissen in Hinsicht auf das eigene Mitschwingen hemmt den Impuls, sie bewegt sich schwerer und schwerer, am Ende wird eine gründliche Demontage notwendig, damit ein Finger sie wie zu Anfang bewegen kann. Inzwischen aber gibt es immer wieder den neuen Schubs durch Heilige und ihre Gefährten, die arm und einfältig nach dem Evangelium lebend, mit ihren kleinen Gemeinschaften zugleich neue Modelle von Kinderschaukeln zu bilden beginnen — zum Eifersüchtigwerden für die größeren und bequemeren Vehikel, weil sie so viel höher fliegen.

Dennoch käme das ganze Spiel zum Stillstand, gäbe es nicht auch das im Kalender der Weltzeit vorgesehene und der ganzen Schöpfung zugedachte Ordinarium einer rhythmischen Wiederkehr der Schwingungs- und Verstärkerimpulse durch den Finger des Vaters: den Sabbat, seit Ostern den Sonntag. Seine ein Siebtel des Erdendaseins beanspruchende Wahrnehmung ist uns im dritten Gebot verordnet. Die Wiederentdeckung dieses Gebotes scheint lebenswichtig für das Gottesvolk heute, wenn Kirche für unsere Erfahrung wieder werden soll, was sie nach Gottes Absicht ist: ein Vehikel der Freiheit und Freude.

2

Das dritte Gebot hat folgenden Wortlaut:

„Gedenke des Sabbattages, daß du ihn heiligest. Sechs Tage sollst du arbeiten und all dein Werk tun. Aber der siebente Tag ist ein Ruhetag, dem Herrn, deinem Gott, geweiht, da sollst du

keine Arbeit tun, weder du noch dein Sohn noch deine Tochter noch dein Sklave noch der Fremdling in deinen Toren, sie sollen ruhen wie du. Denn in sechs Tagen hat der Herr Himmel und Erde gemacht und das Meer und alles, was darin ist, und er ruhte am siebten Tag. Darum segnete der Herr den Sabbattag und heiligte ihn“ (Ex 20,11).
Das Deuteronomium ergänzt diesen Text:
„... und sei dessen eingedenk, daß du Sklave gewesen bist im Land Ägypten, und daß der Herr, dein Gott, dich von dannen herausgeführt hat mit starkem Arm. Darum hat dir der Herr, dein Gott, geboten, den Ruhetag zu halten“ (Dtn 5,15).
Dem dritten Gebot ist also ein doppeltes Gedächtnis zugeordnet: es will erinnern an die Ruhe Gottes, an der wir teilnehmen und in die einmal endgültig einzugehen wir berufen sind. Aber auch an das Handeln Gottes, das uns herausgeholt hat aus dem Sklavenhaus (Ex 20,2), aus der Verknechtung an die Zwänge der Arbeit — hinüber in ein Land der Freiheit.

3

Es gibt ein Wort, in dem sich zusammenfaßt, was in der Sabbatfeier Gedächtnis, Gegenwart und Verheißung zugleich ist, altbiblisch lautet es: Schalom; johanneisch: Friede. Schalom, Friede — das bedeutet heile Welt: vollkommene Stillung, Ruhe, Geborgenheit und grenzenlose Freiheit in einem.
Den Sabbat gilt es zu „heiligen“, so sagt das dritte Gebot, und zwar weil Gott selbst ihn heiligte. Unsere Heiligung des Sabbats ist verpflichtender Mitvollzug und Fortsetzung seiner Heiligung durch Gott. Für das Selbstverständnis des Gottesvolkes ist die Vokabel „heilig“ wesentlich. Heilig ist Gottes Wesen in sich selbst. Und wir sind ein heiliges Volk, weil der heilige Gott sich uns in Seinem Wesen eröffnet, geoffenbart, und so einen Bund mit uns geschlossen hat — durch eine Geschichte der Selbstbezeugungen, Weisungen und Verheißungen hindurch, die

in Jesus, dem Gekreuzigten und Auferstandenen, ihre Mitte und ihre Fülle gefunden hat. Dieser Bund ist unsere Heiligung. Wir, Juden und Christen, sind nicht primär ein gutes Volk, aber ein heiliges Volk. Aus unserer Heiligung soll und kann unser Gutsein hervorgehen, nicht umgekehrt.

Das Wort „heilig“ begegnet in der Bibel zum erstenmal in Verbindung mit dem siebten Tag: „Und Gott vollendete am siebenten Tag sein Werk, das er machte, und er ruhte von all seinem Werk, das er machte. Und Gott segnete den siebten Tag und heiligte ihn; denn an ihm hat Gott geruht von all seinem Werk, das er geschaffen und vollbracht hat“ (Gen 2,2 f.). — Die Vollendung der Welt geschieht also *nach* dem Sechstagewerk, am siebten Tag. Die Bibel bringt diese Vollendung in Beziehung zu Gottes Ruhe; das kann nur bedeuten, daß Gottes Ruhe die Schöpfung vollendete, sie machte das Paradies in ihr aus, die geschaffenen Wesen waren im Frieden mit dem, der sie schuf, und so in Frieden miteinander, nun lebten sie, bewegten sie sich und waren in Gott (vgl. Apg 17,28) — nicht in einem abgründig distanzierten Gegenüber zu Gott, wie sich das später die „Heiden“, die Menschen ohne Sabbat, vorstellten; oder gar ohne Gott, wie man heute überall da denkt, wo man vom Sabbatgeheimnis gar nichts mehr weiß und wissen will.

Vom Eingehen in die Gottesruhe des Anfangs spricht Psalm 95 (94) als dem letzten Verheißungsziel für die Menschheit.

Das Wort „heilig“ kommt im Schöpfungsbericht nur einmal vor. Die sechs Schöpfungstage nennt Gott gut, den siebten Tag macht er „heilig“. Gut ist die von Gott geschaffene Basis der Welt, heilig ist ihre Ursache wie auch ihr Ziel. Gut ist ein vorletzter Begriff und Wert, heilig ist der letzte Begriff und Wert. Sabbatheiligung ist demgemäß wertvorrangig vor allem Werktagstun, ist Gipfel und Ziel der übrigen Tage, nicht deren bloßes Zwischenspiel. Unser Eingehen in Gottes Ruhe ist das Ziel der Zeiten. Und wenn wir nicht *auf* Gottes Ruhe eingehen, wie es das dritte Gebot will, werden wir auch nicht *in* Gottes Ruhe hineingelassen.

Wie in der Genesis, so gibt es auch im Dekalog das Wort „heilig“ als das kostbarste und wesentlichste aller Worte nur einmal — wieder in Verbindung mit dem siebten Tag. Entsprechend auch nur einmal im Herrengebet, deren erste Bitte identisch ist mit dem Sabbatanliegen.

4

Was bedeutet es nun, daß wir unseren Sabbat, den Sonntag, heiligen sollen? Nichts anderes, als daß wir den Frieden dieses Tages in uns aufnehmen und zu leben suchen. Und daß wir dafür unsere ganze Existenz ins Spiel bringen, weil unsere ganze Existenz auf dem Spiel steht, insofern sie eine von Gott geheiligte, weil in den Bund mit Gott gerufene ist. Was am Sabbat an uns *geschieht*, ist erstwichtig, nicht was wir selber *tun*. Dieses Geschehen will den ganzen siebten Tag durchdringen und erfüllen, uns darum auch nicht etwa nur für eine Stunde im Gotteshaus sehen, um uns von da mit dem Gefühl zu entlassen, wir hätten dem dritten Gebot genügt. Sabbat ist als solcher und als *ganzer* Heiligkeit, eine heilige Sphäre, die uns schon am Vorabend umfängt — für die Bibel beginnt der Tag bekanntlich am Abend, und er währt bis zum Sonnenuntergang des folgenden Tages — und in die hinein wir mit dem Aufgang der Sonne erwachen, um sie bis zur letzten Minute mit allen Poren in uns aufzunehmen; so ist jedenfalls das dritte Gebot gemeint. Sabbat ist nicht fern von uns heilig wie das Bauwerk Kirche, das wir erst aufsuchen müssen, und gewiß auch aufsuchen sollten zur gemeinsamen Feier jenes Gedächtnisses, dem sich der Sabbatfriede verdankt. Aber auch ohne heiliges Haus und ohne heiliges Symbol wäre und ist er der heilige Tag. Er selbst ist Symbol.

Sabbat, noch einmal sei es gesagt, beansprucht also ein volles

Siebtel des Erdendaseins der Menschen. Gott, unser Schöpfer, weiß, daß Sein Volk, daß die Menschheit dieses volle Siebtel an gotterfüllter Ruhe schlechthin braucht, damit die Schwingung, die uns der kommenden Welt entgegenträgt (und die sich je neu in dieser Ruhe birgt!), nicht zum Stillstand kommt. Es braucht diese vierundzwanzig Stunden in jeder Woche, wenn der „Verstärkerimpuls" von oben in uns durchdringen soll bis in unsern innersten Menschen und in unsere Gedankenwelt hinein. Nur so werden wir auch im Alltag Sinn und Ziel der Arbeit nicht aus dem Auge verlieren und im Zeitgetriebe die Ewigkeitsbestimmtheit und Eigentlichkeit unseres Lebens nicht einbüßen.

Rettung des Sonntags

Für uns Christen ist der siebte Tag auf den Sonntag übergegangen, der erste Wochentag ist durch Christi Auferstehung so etwas wie der achte Tag geworden, Tag jenseits oder oberhalb der Tage, auf den hin der altbundliche Sabbattag Advent war und die Weltzeit hindurch, solange es Juden geben wird, auch bleibt. Der das Sabbatziel für uns alle erreichte, Christus, der in Gottes Ruhe Eingegangene, haucht Seinen Jüngern schon jetzt das Leben der künftigen Welt ein und teilt ihren Herzen den Frieden mit, der alles Begreifen übersteigt. Durch Ihn wirkt in die horizontale Dimension der Verkettung von Ursache und Wirkung je neu hinein der aus der vertikalen Dimension kommende pfingstliche Impuls: Sturm und Feuer von oben, Ursachen, die nicht in Raum und Zeit vorzufinden oder experimentell herzustellen sind. Der Impuls der Menschwerdung, das Osterereignis und die Geisthauchung sind einer: rettendes, in Gottes Ruhe hinüberführendes Geschehen aus dem Verborgenen Gottes in die irdische Geschichte hinein.

Drittes Gebot für uns Christen: Diesem Geschehen zur Verfügung stehen den Sonntag hindurch. Ein Siebtel des Daseins als Kinder des Lichtes unter der Anziehung des auferstandenen Christus leben, im Gravitationsfeld der kommenden Welt. Nur so erliegen wir nicht der endzeitlichen Versuchung, abgesaugt zu werden von der entgegengesetzten Schwerkraft, hinunter in den Untergang einer gottentleerten Diesseitswelt.

Für unsere Sonntagsfeier gilt, was Jesus in der Bergpredigt von Gesetzeserfüllung (Mt 5,17 ff.), wie sie der Glaube an Ihn ermöglicht, überhaupt sagt; sie darf nicht Unterbietung des altbundlichen Haltens von Sabbat sein, was ihren Ernst, ihre Freude, ihr Freisein von der Welt der Zwecke und ihren Glanz betrifft. Jüdische Sabbatfreude beschämt heute weithin uns Christen mit unserem Sonntag. Wer diese Freude je miterlebte, fragt sich, ob so konkret und konsequent gelebter Advent die Wirklichkeit, auf die er hinbereitet, nicht bereits tiefer enthalten und zur Erfahrung bringen kann als das Fest, in das er mündet, wenn dieses selbst verkümmert und reduziert, um seine Ganzheit und weithin um seine Heiligkeit gebracht ist.

Daß das Judentum die Zeiten hindurch den Sabbat hielt und weiter hält, läßt es alle Zeiten überdauern. Wo immer Christenheit den Sonntag verfallen läßt, geht Christentum unter; „die Stadt auf dem Berg" (Mt 5,14) sinkt herab auf das Niveau einer gewöhnlichen irdischen Stadt.

Wie aber den Sonntag feiern? Zehn Ratschläge:

1.
Ihn am Vorabend beginnen; denn da beginnt seine Heiligung durch Gott. Eine innere Bewegung — Sehnsucht, Liebe — soll uns in ihn hineintragen.

Für die Bibel fängt jeder Tag am Abend an: „Es ward Abend und es ward Morgen ein Tag" (Gen 1,5; vgl. 1,8.13.19.23.31); das Tagwerk ist getan, nun folgt der beschauliche Teil. „Und Gott sah, daß es gut war" — so heißt es am Ende eines jeden Schöpfungstages. Das sind ur- und vorbildlich gemeinte Worte. *Jeder* Abend sollte so etwas wie eine Revision de vie sein, ein *Sehen* von Zusammenhängen, das die Ruhe der Nacht einleitet, und zugleich wieder Saat von oben in sie hineinsät, die, während wir schlafen, verborgen keimt und dem kommenden Tag die neue Fruchtbarkeit geben hilft. Wenn der Abend ruhelos vertan war mit einem Kriminalstück am Fernsehschirm oder ähnlichem, so ist die Nacht entsprechend nur „wüste und leere Erde" (Gen 1,2) und der kommende Tag entsprechend ohne innere Gestalt und Frucht. Ähnlich wie jeder Abend über den kommenden Tag, so entscheidet der Sonntag über die ganze kommende Woche.

Am Sonntag-Vorabend also, nach dem Bad, bereits das sonntägliche Kleid anlegen! Das ist vor allem für die Kinder wichtig, es hilft ihnen, den Sonntag ersehnen, lieben und unterscheiden. Juden zünden vor Sonnenuntergang Sabbatkerzen an. Wir sollten uns Ähnliches einfallen lassen, vielleicht ein Licht auf den Abendtisch stellen; bei den Juden zündet die Mutter es an. Die Schöpfung, deren Geburtstag und deren Urheber wir feiern, beginnt mit dem Wort: „Es werde Licht!" Und ihr Neuschöpfer, Christus, ist „das Licht der Welt".

Früher feierte man in der Gemeinde die erste Vesper. Es gibt andere Möglichkeiten von Sonntagsbeginn, in Lesung, Kunst, Musik, und vor allem beim gemeinsamen Mahl, das nie ohne eine festliche Note sein sollte. In der jüdischen Familie spricht der Vater den Tischsegen, bricht Brot in so viele Teile, wie es Tischgäste gibt, reicht dieses und danach einen Becher mit Wein herum.

2.
Ruhe am Sonntag so aus, als sei die ganze Arbeit getan! Laß auch jeden Gedanken an Arbeit ruhn! Ein Jude ging durch seinen Weinberg, traf auf eine schadhafte Stelle der Umzäunung und überlegte lange, wie er sie ausbessern könne. Dann kam ihm zu Bewußtsein, daß so etwas gegen den Sabbat war. Um sich einen Denkzettel zu geben, beschloß er: An dieser Stelle werde ich den Zaun nie ausbessern. — Auch wenn wir uns nicht unter einem Buchstabengesetz wissen, am Sonntag sollten wir nicht ohne Not an Gottes Welt herumbasteln, weder praktisch noch in unseren Überlegungen, sondern sie schauen und in ihr wandern, weilen, spielen; in Gottes Gedanken ist der österliche Mensch ein spielendes Geschöpf — nach einem Text aus dem Buch der Weisheit, den die Liturgie auf Maria anwendet (Spr 8,30).

3.
Die Stunde im Gotteshaus könnte uns als Einübung in den ganzen Tag als ‚heilige Sphäre' gelten. Man macht in der Messe keine Schularbeiten, korrigiert keine Hefte, verfaßt keine Steuererklärungen, stellt keine Rechnungen aus, führt keine Gespräche über Geschäfte oder Parteiangelegenheiten und verbietet sich auch Gedankengänge dieser Art. Andere Zusammenhänge bewegen uns, Dank an Gott und gegenseitige Liebe. Das alles sollte für den Sonntag schlechthin gelten. Eintragungen in ein Danktagebuch, Briefe an Freunde entsprechen ihm, wenn schon geschrieben werden muß, nicht aber Eintragungen in Geschäftsbücher.

4.
Sich die Welt und den Nächsten Geschenk sein lassen, es wieder neu realisieren, daß in der Schöpfungsordnung Gabe vor Aufgabe kommt, und daß jede Aufgabe letztlich in Weitergabe

besteht, nicht in Mehren und Festhalten von Eigenbesitz. Unter den Spielen meiner Kindheit gab es eines, das, ohne daß wir es ahnten, diesen hintergründigen Bezug hatte: Wir bildeten zu vielen einen Kreis und verteilten auf die Spieler ein paar Bälle, so viel man vorerst der Geschicklichkeit der Teilnehmer zutrauen konnte, nach und nach durften es mehr werden. Ein Ball flog zum andern Spieler, man mußte ihn, kaum berührt, sofort weitergeben, sonst kam schon der nächste und fiel zu Boden, das war dann ein Fehler. Hielt man seinen Ball solange fest, daß auch die übernächsten, so viel im Spiel waren, nicht mehr aufgefangen wurden, so schied man aus . . .

5.

Dem Lobpreis, dem Singen, der Freude und der Bejahung allen Raum geben. Die Juden sagen: Es ist Sünde, am Sabbat traurig zu sein; und wenn man Traurige kennt, sollte man wenigstens *einem* Traurigen helfen, daß er froher werde.

6.

Sabbatgeist ist Ja-Geist. Dem Glanz dieses Tages, damit er erfahren werde, entsprechen gewisse Enthaltungen. Nächst dem Verzicht auf unnötige Arbeit ist die wichtigste sabbatliche Übung der radikale Verzicht auf Kritik, auf Feststellungen von Ungutem bei bestimmten Menschen oder in Zeitverhältnissen. Kritik mag werktäglich notwendig sein; dort, wo wir Verantwortung tragen, da die Welt noch im argen liegt und veränderungsbedürftig ist. Am Sonntag sollten wir Kritik uns gegenseitig verbieten. Sonntag sollte uns die Augen dafür auftun, daß die Welt Gottes Schöpfung ist und Gottes Verheißung hat auf Grund der Auferstehung dessen, der für sie in den Tod ging. Das Ja, das Gott in Christus zu uns sagte, hielt allem Nein der Sünde stand und besiegte es. Sonntag ist für uns dazu da, dieses

Ja mitzusagen und weiterzusagen, nur so dringt der Ja-Geist, der Heilige Geist bei uns wirklich durch und in die Welt ein.

7.
Lebens- und Liebesgemeinschaft verwirklichen! Im Alltag geht jeder vor allem seinem Geschäft nach, Verbundenheiten sind weitgehend zweckorientiert. Einer braucht den andern mit bestimmten Fähigkeiten und Funktionen als Schreiner, Hausfrau, Elektriker, Arzt, das Du wird leicht zum Es. Sonntag ist dazu da, sich wieder den ganzen Menschen angehen und nahegehen zu lassen, um ihm den ganzen Menschen entgegenzutragen. Sonntag ermöglicht gemeinsamen Tisch, Gastfreundschaft, Gespräch, Wanderung, Spiel — Freiheit, Ganzheit, Leibhaftigkeit.

8.
Aber jeder sollte auch Zeit für Einsamkeit finden, ohne sie verflacht jedes Wir am Ende zur bloßen Runde. „In seiner Hand sind die Tiefen der Erde, die Gipfel der Berge sind sein", so bekennt in jeder Morgenfrühe der Eingangspsalm 95 des kirchlichen Stundengebets. Diese Tiefen und Gipfel sind nicht nur räumlich zu verstehen, man beginnt sie zu ‚schauen' durch ein unabgelenktes Weilen und Horchen in der Stille.

9.
Häufung von Frömmigkeitsübungen als Regel oder Nötigung sind sabbatwidrig. Sabbat, das ist der ganze Mensch mit seinem vollen Eingehen in Schöpfung und Offenbarung, in Leibhaftigkeit, in Frieden, Freude und Dankbarkeit.

10.
Was löscht den Sabbatgeist aus? Ein geistloses Sichrekeln oder ein beliebiges Sich-füttern-Lassen mit den Angeboten der Unterhaltungsindustrie. Sabbat ist nicht dazu da, sich die Zeit zu ver-

treiben, sondern sie mit intensiverem und wahrerem Leben zu erfüllen, sich also zu sammeln und zu versammeln, nicht zu „zerstreuen“.

*

„Nicht so viel Freiheit auf den Gipfeln der Berge und nicht so viel Herrlichkeit in der Meeresstille wie im Frieden des Sabbat. Sabbat: Ein Tag, der die Seele adliger und den Leib weiser macht“ (Abraham Heschel).

Rede, Herr, dein Diener hört!

Eine biblische Geschichte

„Der Knabe Samuel diente dem Herrn vor Eli.
In jenen Tagen aber war das Wort des Herrn selten; Gesichte waren nicht häufig. Zu jener Zeit begab sich folgendes:
Während Eli an seinem Ort schlief und die Lampe Gottes noch nicht erloschen war
— Elis Augen aber hatten angefangen, schwach zu werden, so daß er nicht mehr sehen konnte —
und während Samuel im Tempel des Herrn schlief, wo die Lade Gottes war, da rief der Herr: Samuel! Samuel!
Er antwortete: Hier bin ich!
lief zu Eli und sprach: Hier bin ich! Du hast mich gerufen.
Er aber sprach: Ich habe nicht gerufen. Lege dich wieder schlafen.
Der Herr aber rief abermals: Samuel!
Und Samuel stand auf, ging zu Eli und sprach:
Hier bin ich! Du hast mich gerufen!
Er aber sprach: Ich habe nicht gerufen, mein Sohn.
Lege dich wieder schlafen.
Aber Samuel kannte den Herrn noch nicht, und eine Offenbarung des Herrn war ihm noch nicht zuteil geworden.
Da rief der Herr den Samuel zum dritten Male.
Und er stand auf, ging zu Eli und sprach: Hier bin ich! Du hast mich gerufen.
Nun merkte Eli, daß der Herr den Knaben rief.
Und Eli sprach zu Samuel: Geh, lege dich schlafen;
und wenn Er dich ruft, so sprich: Rede, Herr, dein Diener hört.
Da ging Samuel hin und legte sich an seinem Ort schlafen.

Da kam der Herr, trat herzu und rief wie zuvor: Samuel! Samuel!
Und Samuel sprach: Rede, dein Diener hört.
Und der Herr s p r a c h zu Samuel ...
Samuel wuchs heran, und der Herr war mit ihm und ließ keines Seiner Worte unerfüllt."
(1 Samuel 3)

*

Die biblische Geschichte von der Berufung des Knaben Samuel bekamen wir schon als Kinder erzählt. Sie gehört zu denen, die man nicht leicht mehr vergißt. Wie kommt das? Sie betraf und betrifft uns selbst. Sie rührt an eigene frühe Erfahrung oder an eine nie erfüllte Sehnsucht. Gab und gibt es das nicht einmal auch bei uns: erweckenden Anruf Gottes, in der Tiefe der Nacht — in die Tiefen hinein, die sich oft erst Schlafenden auftun? Und dann dieses *Echo* in uns, das: „Hier bin ich" des Kindes, für dessen Unschuld Hören und Tun noch nahtlos zusammenfallen?

Was aber sagt uns diese Geschichte heute, in unserer Welt und Zeit? Man tut gut, sich erst auf ihren zeitgeschichtlichen Hintergrund zu besinnen: Es ist Ende der Richterzeit. Die Sitten in Israel sind verwildert, das Bundesgesetz ist vergessen oder wird mit Füßen getreten. — „Jeder tat, was ihm gefiel", so kennzeichnet die Bibel diesen äußersten Grad von faktischer Gottlosigkeit (Ri 21,25).

Bei allem Verfall ging der Kultbetrieb weiter. Existenz eines Volkes ohne Riten und Opfer, ohne einen Gott oder ein Idol, war damals noch nicht vorstellbar. Aber wie sehr das Leben der Menschen in Israel ihrer Religion spottet, und wie weit bereits der Zynismus einer jungen Generation ging, zeigt das Verhalten der Söhne des Priesters Eli, des Richters über Israel, der im Tempel von Silo amtierte: Ophni und Pinchas taten sich gütlich an den Opfern der Armen, verzehrten selbst, was als

Brandopfer für Jahwe bestimmt war, und vergingen sich mit Frauen, die am Eingang des Tempels Dienst taten. Eli hatte nicht mehr die geistige Kraft gehabt, sie in der Furcht Gottes zu erziehen. Heilig gehaltene familiäre Traditionen kommen in Zeiten allgemeinen Abfalls nicht auf gegen den Sog von rauschhaften Faszinationen einer Umwelt, die im Abfall von Gott progressiv Unterwelt wird. — Aber was schlimmer war, Eli brachte auch nicht den Mut auf, diese Söhne aus dem Bereich des Heiligtums zu verjagen, „er achtete sie höher als den Herrn", so sagt der Text. (Später wird ihn als ersten samt seinem Haus das Gericht über Israel treffen, seine Söhne werden an *einem* Tag durch das Schwert der Philister umkommen, ihm selber wird der Verlust der Bundeslade buchstäblich das Genick brechen.)

Von diesem Stück Zeitgeschichte her ist nun der Satz zu verstehen, mit dem die Geschichte von der Berufung Samuels einsetzt: „In jenen Tagen aber war das Wort Gottes selten in Israel." Selten war es darum — so sagt der Zusammenhang —, weil nur noch ganz wenige Menschen ein Ohr dafür hatten. Denn das Gott-hören-Können hängt ja unlöslich zusammen mit dem *Tun* seines Willens. Im Bemühen um das *Tun* des Wortes bildet und verfeinert sich das Gehör für das Wort. Entsprechend wurde die Sinaioffenbarung von den Israeliten einmal beantwortet mit dem Ausruf: „Alles, was der Herr gesprochen hat, wollen wir tun und hören" (Ex 24,7). Zuerst also tun, dann und dadurch hören, verstehen, wie beim Kind, tuend wächst dieses in das Verstehen der elterlichen Weisung hinein. Will man nicht mehr tun, was Gott will, stumpft man ab für das, was Gott sagt. Und am Ende ertaubt man für ihn.

So ersieht sich Gott jetzt den Knaben Samuel zum Propheten, ein Kind, auf das er von Anfang an seine Hand gelegt hat. Hanna, die Mutter, lange unfruchtbar, empfing es auf ihr Gebet hin und weihte es dem Herrn für den Tempeldienst. Es mochte auch wohl noch einige *Männer* unter den Stämmen Israels geben, die nach Alter und Ansehen geeigneter gewesen wären, ihrem Volk oder gar Eli selbst ins Gewissen zu reden. Daß Gott nun einem *Kind* diese Vollmacht gibt, einem Kind sein offenbarendes und richtendes Wort anvertraut, ist ebenso zeichenhaft zu verstehen, wie viele Jahrhunderte später die Geste Jesu, als er ein Kind in die Mitte der um Größe und Vorrang sich streitenden Jünger stellt mit den Worten: „Wahrlich ich sage euch, wenn ihr euch nicht bekehrt und werdet wie die Kinder, so werdet ihr nicht in das Himmelreich eingehen" (Mt 18,3). Kindsein ist als biblisch geforderte Grundhaltung des Menschen vor Gott: aufschauendes Erwarten, Hör- und Lernbereitschaft, ist Glauben an die Liebe, Angewiesenheit auf sie, ist Offenheit für Weisung und Zurechtweisung, ist immer neu *Gabe* vor Aufgabe, ist Leben vom Geschenk her. Einzig das Kind im Menschen grenzt an den göttlichen Bereich. Wenn es das Kind im Menschen nicht mehr gibt, ist die Jakobsleiter beseitigt, die Verbindung zwischen Himmel und Erde, niemand kann mehr hinüber oder herüber.

„Niemand kann mehr hinüber oder herüber", genau dieses Wort wird übrigens im Gleichnis vom armen Lazarus dem Reichen in die Hölle hinein gesagt. Lazarus, hungernd, wund, nackt, auf Liebe angewiesen und vergeblich auf die helfende und sorgende Liebe des Bruders wartend, Parabelgestalt für das Kind im Menschen, wird am Ende unfehlbar in Abrahams Schoß getragen — *um dieser Angewiesenheit willen*, nicht zufällig, gebraucht der Text hier die dem Kinde angemessene Chiffre für Seligkeit: Schoß.

Der Reiche, der das Kind *in sich* selbst tötet, indem er mit der Angewiesenheit des Bruders vor seiner Tür, der Angewiesenheit des Kindes im andern auf ihn, zugleich die *eigene* Angewiesenheit auf den Bruder, auf das Kind im anderen verneint, verfällt der Macht der Verneinung. Zwischen der *Verneinung* des

Kindseins, des Sohnseins, der Existenz in Verdanktheit und dem göttlichen *Ja* zum Sohn, zum Kind ist die unüberwindliche Kluft.

Das Kind stirbt im Erwachsenen nicht von selbst, denn Gott hat vorgesehen, daß es in ihm und mit ihm nur reift — zur Bewußtheit und Verantwortlichkeit, zu der Fähigkeit, Gott Antwort zu geben auf die Fragen: „Wo bist du?“ und „Wo ist dein Bruder Abel?“. Aber dieses Kind wird nach und nach erstickt, umgebracht, wenn die Menschen selber wie Gott sein wollen, unabhängig, emanzipiert, aus eigenen Zielsetzungen lebend. Dahinter steht jene versucherische Macht, die im Johannesevangelium drei Bezeichnungen trägt: „Vater der Lüge“, „Fürst dieser Welt“, „Mörder von Anbeginn“. Sie bringt alles auf, um dem Menschen zu suggerieren, daß er es nicht länger nötig habe, Kind zu sein, und um ihm, wenn er erst einmal in den Bannkreis dieser Lüge geraten ist, die Mittel in die Hand zu spielen, von Steinen zu leben, die er zu Brot macht, vom Mammon, von der eigenen Leistung, vom Erfolg und von der Macht.

Leben ohne die Notwendigkeit, länger danke zu sagen, Leben ohne Aufblick, ohne Vertikale, Leben in reiner Horizontalität — das ist der Ehrgeiz einer Welt, die dieser Versuchung erlegen ist, die dem Kind in sich abgesagt hat. Leistungs- und Anspruchssteigerung bestimmen ihr Denken und Dasein. Wird man nicht am Ende eine Menschheit hervorbringen, in der menschliche Intelligenz, Macht des Geldes, der Technik, der Organisation und der Manipulation die Egoismen aller menschlichen Wesen derartig koordiniert haben, daß jeder seine Wünsche selber befriedigen kann? Die Primitivstufe des Beschenktwerdens im Angewiesensein des einen auf den anderen und aller auf Gott ist dann endgültig überwunden.

Das biblische Sündenfallsinnbild, Bild einer Welt, die nicht mehr von Gott und seinem Gebot her zu leben gedenkt, war einmal eine geraubte und angebissene Frucht: Ich lasse mir die Welt nicht schenken, ich verfüge über sie wie ich will und von dieser Frucht esse erst *ich*, und erst dann kommt der andere, und der andere, weil ich ihn brauche zu *meiner* Ergänzung, Bestätigung, Beruhigung und Beglückung. Das endzeitliche Statussymbol der gleichen Welt, die nur mehr Erwachsensein ästimiert, also Angewiesensein ausschließen möchte, ist schließlich ein Selbstbedienungsladen. Zu den Zielen einer Welt von derart Erwachsenen gehört es, daß schon das Kleinkind so früh wie möglich in Anspruch und Leistung eingeübt wird, den Habitus des Erwachsenen *übernimmt*. Jedes Kind, das geboren wird, ist ja seinem Ursprung noch nahe und grenzt *wieder* an den göttlichen Bereich. Darum muß die Abdichtung seiner Seele von Gott schon in der Frühe geschehen, es muß so bald wie möglich, gleich wenn es die ersten bewußten Schritte ins Leben hinein tut, um sein Kindsein gebracht werden, sonst könnten sich später programmwidrige Erinnerungen bei ihm einstellen, die den gesellschaftlichen Prozeß der Menschheitsemanzipation von Gott nur stören und aufhalten.

Verstehen wir aus solchen Zusammenhängen, daß da *Zeichen* und *Fanale* sind, wenn in der Heilsgeschichte dem erlösenden Kommen Gottes, das seinen Kindern gilt und das nur *Kinder* erfahren können, auf Erlösung und Liebe *Angewiesene*, in allen entscheidenden Phasen die Kindermorde vorausgehen — als Reaktion der widersacherischen Macht, die ihren Untergang wittert: Gott soll das Kind nicht mehr vorfinden.

Bevor ein Mose kommt, der Israel aus der Knechtschaft Ägyptens befreien wird, läßt Pharao alle männlichen Kinder der Hebräer töten, nur das Kind Mose, der kommende Befreier, wird durch Gottes Fügung in seinem Kästchen gerettet.

Ähnlich geht dem erlösenden Kommen des Messias der betlehemitische Kindermord voraus, vor dem nur Jesus bewahrt bleibt.

Ahnen wir nicht mit Recht auch einen Zusammenhang zwischen der Ermordung von weit mehr als einer Million jüdischer Kin-

der in Auschwitz und der zweiten großen Heimkehr Israels — nach zwei Jahrtausenden der Zerstreuung — in das Land seiner Väter, dem Vorspiel des endgültigen Kommens seines und unseres Erlösers?
Endzeitfanal, Antichristzeichen in *unseren* Tagen ist die Tötung von Millionen und Millionen ungeborener Kinder im Schoß von Müttern, die nicht wissen, was sie tun.

*

Wir wenden uns wieder der Geschichte von der Berufung Samuels zu. Samuel schlief im Tempel des Herrn, wo die Bundeslade stand, er schlief an einer Stätte der Offenbarungsgegenwart Gottes, er war — um mit einem Wort des zwölfjährigen Jesus zu sprechen — „in dem, was Gottes ist".
Da erging das Wort des Herrn an ihn: „Samuel, Samuel!" Er sprach: „Hier bin ich!" lief zu Eli und sprach: „Hier bin ich, du hast mich gerufen." So geschah es dreimal.
Die Bibel scheint so etwas wie eine Gesetzmäßigkeit in Berufungsgeschichten anzudeuten, wenn sie weit auseinanderliegende Offenbarungsvorgänge jeweils in gleicher Weise beginnen läßt. Ich zitiere drei Stellen:
Genesis 22,11: Abraham ist im Begriff den Isaak zu opfern. Da ruft Gott ihn an durch den Engel: „Abraham, Abraham!" Abraham antwortete: Hier bin ich. Da sprach der Herr: . . .
Genesis 46,2: Gott redete in einem nächtlichen Gesicht mit Israel. Er sprach: Jakob, Jakob. Jakob antwortete: Hier bin ich. Da sprach der Herr: . . .
Exodus 3,4: Und Gott rief zu Mose aus dem Dornbusch: Mose, Mose! Mose antwortete: Hier bin ich. Da sprach der Herr: . . .
So also ist der Ablauf: Gott ruft einen Menschen zweimal bei seinem Namen. Der Gerufene weiß sich von Gott erkannt und eingefordert. „Bei deinem Namen rufe ich dich, mein bist du", so drückt Deuterojesaja diese Erfahrung aus (Jes 43,1). Die

Verdoppelung des Namens ist Vergewisserung der Wirklichkeit des Anrufs und vertieft seine Eindringlichkeit. Der Gerufene hat vor Gott da zu sein, seine Antwort lautet jeweils: „Hier bin ich." Gott aber wartet dieses „Hier bin ich" ab. Die Offenbarung geschieht also nicht, es sei denn, der Mensch sei erst *ganz da* vor Gott, in einem vorbehaltlosen Hinhören und Lauschen auf Seine Stimme.

Bei Samuel wie bei Jakob oder später in den neutestamentlichen Josefsgeschichten ergeht die Stimme in der Nacht an Schlafende. Während das Tagbewußtsein des Menschen in der Regel auf Weltwahrnehmung und Vordergrund reagiert, je anders, je nach Gegebenem oder Aufgegebenem, öffnet sich im Tiefschlaf seine innerste Schicht; dort ist, wie Paulus es ausdrückt, sein Leben mit Christus geborgen in Gott, dort vollzieht sich, wenn er lauteren Herzens ist, die Kommunikation mit seinem Urgrund, die geheime *Steuerung* seines Wesens und seines Weges.

Die Unbedingtheit und Unverzüglichkeit, mit der in der Bibel die von Gott Erwählten und Gerufenen jeweils der Stimme Gottes folgen, als erginge sie von einem sichtbaren Gegenüber, erweist die Übereinstimmung ihres Wesenskerns mit dem Rufenden. Wie ein Kind auf die Stimme des Vaters oder der Mutter hört, weil es mit ihr über*einstimmt,* weil in dieser Stimme sein Leben ist, so unterscheiden die Berufenen Gottes Stimme.

Wiederum gibt es für dieses Phänomen ein neutestamentliches Wort: „Die *Seinen* ruft Er mit Namen und sie folgen Ihm, weil sie Seine Stimme kennen. Einem Fremden aber werden sie gewiß nicht folgen, weil sie die Stimme des Fremden nicht kennen" (Joh 10,3—5).

Die Samuelberufung weist noch eine Besonderheit auf, die erkennen läßt, hier reagiert ein Kind.

Samuel spricht sein „Hier bin ich" zu Gott und läuft dann damit zu Eli, wiederholt: „Hier bin ich" und fügt hinzu: „Du hast mich gerufen." Er lebt noch in der Einheit: Er unterscheidet

die Stimme Gottes noch nicht von der Stimme jenes Menschen, der Gottes Stelle für ihn vertieft, solange Gott nicht unmittelbar zu ihm spricht als zu einem Mündigen.
So geschieht es dreimal: dreimal läßt Samuel sich wecken — ohne den geringsten Unmut über die Schlafstörung —, und jedesmal *läuft* er zu Eli, in federnder Eile. Welch ein nahtloser Übergang vom Hören zum Tun, vom Schlafen zum Aufstehen, welche Gegenwärtigkeit, welche innere Wachheit! Man denkt bei diesem Knaben an das Wort des Hohenliedes: „Ich schlafe, aber mein Herz wacht."
Wachsein, Aufbleibendürfen ist die Sehnsucht des zum *bewußten* Leben erwachenden Kindes; es gehört mit allen Fasern dem Licht, dem Tag und seinen Entdeckungen. Schlafen — diese Rückkehr in die dunkle Geborgenheit des Mutterschoßes — ist bei ihm etwas wie eine Konzession an ein einmal endgültig Abzutuendes, an eine noch nicht zu ihrer Eigentlichkeit gelangten Welt. So nimmt es seine innere Wachheit mit hinein in den Schlaf. Und seine Träume sind Entwürfe und Vorverwirklichungen dieser Erwartung von Land, das noch kein Fuß betrat.
Beim dritten „Hier bin ich" Samuels merkt Eli, daß der Herr den Knaben gerufen hat. Wenn Eli selbst auch von Gott keiner eigenen Offenbarung gewürdigt wird, so kennt er sich doch aus in der Überlieferung und tritt jetzt in ihren Dienst. Er erinnert sich an die Berufungsgeschichten Abrahams, Jakobs und Moses und weist Samuel an: „Sollte Er dich noch einmal anrufen, so antworte: Rede, Herr, Dein Diener hört."
Das ist primärer Auftrag des *Amtes,* im Gottesvolk heute wie damals: die Überlieferung zu hüten und den kommenden Generationen zu übermitteln, sie aber auch geltend zu machen, wenn es um die Unterscheidung der Geister geht. Ohne Elis Dienst wäre der in Samuels Schlaf hinein ergehende Gottesruf nicht tageswirklich geworden. Ohne daß die Vertikale der Väterer-

fahrungen ins Spiel kommt, werden die Charismen auch in der Horizontalen des Gottesvolkes im Jetzt der Zeit nicht wirksam.
Samuel ging und legte sich schlafen an seinem Ort. Da kam der Herr, trat herzu und rief wie zuvor: „Samuel, Samuel"! Und Samuel sprach: „Rede, dein Diener hört."
Danach sagt Gott sein offenbarendes Wort. Was er dem Samuel als erstes mitteilt, ist für das Kind nicht weniger schwer zu verkraften als für seinen geistlichen Vater: das nahe bevorstehende Gericht über Eli und sein Haus.
Eli nötigt den Knaben am anderen Morgen, ihm die ganze Wahrheit zu sagen und nimmt dann den richtenden Gottesspruch entgegen mit den Worten: „Es ist der Herr, Er tue, was ihm wohlgefällt."
Danach heißt es: „Samuel wuchs heran, und der Herr war mit ihm und ließ keines von allen Seinen Worten unerfüllt."

Eine heutige Geschichte

In Curitiba, im brasilianischen Staate Parana, wohnte ich vor einigen Jahren einem Religionsunterricht bei, der offenbar ein Versuch war, aus der Berufungsgeschichte des Kindes Samuel etwas Wesentliches zu lernen. Die Stunde verlief folgendermaßen: Der große Klassenraum war völlig leer, keine Tische, kein Gestühl, das Licht durch einen dichten Vorhang gedämpft. Auf dem Boden war mit weißer Farbe ein großes Oval gezeichnet. Die Kinder kamen aus der Pause, von draußen, schwatzend, lachend, gestikulierend; die Lehrerin empfing sie mit einem Tamburin, einen Tanzschritt trommelnd: Sie betraten das Oval und begannen, dem Rhythmus sich fügend, eine Melodie zu summen, den Kreis abzuschreiten. Jedes achtete darauf, daß es auf der Linie blieb. Die Trommel wurde leiser, das Summen schwächer, bis es verstummte, das rhythmische Schreiten ging weiter.

Nun rief die Lehrerin — sie saß am Kopfende des Raumes — sehr leise nacheinander je ein Kind auf, mit Namen. Das Gerufene hockte sich nieder, wo es gerade war, im Yogasitz, den Kopf gesenkt, die Hände wie Schalen im Schoß. So schließlich alle dreißig. Danach war es einige Minuten lautlos still.

Jetzt wurde wiederum ein jedes der Kinder — mit noch leiserer Stimme — beim Namen gerufen (von Anruf zu Anruf war eine Pause), es stand auf und ließ sich vor der Lehrerin nieder, so hockten schließlich alle um sie herum, wartend, schweigend, im Halbrund.

Und nun begann sie mit der Bibel. Sie erzählte mit gedämpfter Stimme, die zum Lauschen nötigte, eine Geschichte aus dem Leben Jesu und legte sie aus für den Alltag des Kindes.

Die Stunde schloß wieder mit einer Stille und der dreimal gebeteten Bitte: „Unser Vater im Himmel, geheiligt werde dein Name."

Die Lehrerin, Brasilianerin, war eine Schülerin der Lubienska de Lenval, der polnischen Pädagogin, die Maria Montessori noch nahe stand. Ein Gespräch mit ihr — mein sprachenkundiger Begleiter führte es — ergab, welche Gedanken sie bei ihrem Unterricht leiteten. Ich versuche, es hier wiederzugeben.

A Madame, Ihr Religionsunterricht unterscheidet sich vom Gewohnten. Schon die äußeren Gegebenheiten, der leere Raum, das gedämpfte Licht, das Einfangen von Lärm und Bewegung der Kinder in Rhythmen, das schließliche Stillewerden, das lange Schweigen. Sie haben eine Viertelstunde gebraucht, bis Sie mit dem eigentlichen Unterricht begannen.

B Sie irren. Der eigentliche Unterricht begann mit dem *Eintritt* der Kinder. Mit ihrem langsamen Stillewerden.

A Ich verstehe — als einer Voraussetzung rechten Hörens. Eines Hörens von anderer Art, als man es mit disziplinären Mitteln erreicht. Es kommt Ihnen in Ihrem Fach offenbar nicht in erster Linie an auf viel abfragbares stoffliches Wissen. Ich sah keine

Schulhefte. Zum Schreiben hätte das gedämpfte Licht auch kaum ausgereicht.

B Sie sprachen von einem *„Fach"*. Religion ist kein Fach. Ein Unglück, wenn man sie selbst so auffaßt und wenn die Schulkinder die Religionsstunde so erfahren und empfinden, als ein Fach unter Fächern. Darum ist diese Stunde mitten in einem Schulbetrieb auch ein einziges ‚Wagnis'. Eben war Rechnen, jetzt kommt Religion. Die Schulkinder sind gewöhnt, an Leistung und Wissen zu denken. Und die heutige Pädagogik tut alles, um nicht nur den physischen, sondern auch den intellektuellen Bemächtigungsdrang in ihnen zu fördern. Eine ganz vordergründige Gespanntheit erwartet uns. Und dann kommen wir mit einer Botschaft, bei der es nicht um Bescheidwissen, sondern um ‚*Glauben*' geht, d. h. um andersartige tiefere Gewißheiten, als sie uns ein mathematischer Lehrsatz oder eine Physikstunde geben. Um Gewißheiten, die sich *schenken,* die man nicht einfach *haben* kann.

A Warum gehen Sie dann dieses Wagnis überhaupt ein, warum bleiben Sie mit Ihrer Verkündigung nicht im kirchlichen Raum?

B Weil Religionsunterricht in der Schule für viele von unseren Kindern die einzige Chance ist, mit Gottes Wort noch in Berührung zu kommen. Aber diese Berührung, wenn sie in die Tiefe gehen soll, kann nicht einfach erhofft werden von der bloßen Darbietung interessanter biblischer Geschichten oder sonstiger Information über Religion. Wenn religiöses Stoffwissen reines Bescheidwissen bleibt oder wird, ist es die wirksamste aller Abschirmungen vor dem wirklichen *Anruf* Gottes.

A Dieser Anruf muß Ihnen viel bedeuten; ich wurde an biblische Vorgänge erinnert, als Sie jedes Kind beim Namen riefen, in die Stille hinein. Aber kann man so etwas öfter wiederholen?

B O ja, es geht um Einübung. Sie sahen die Kinder im Yogasitz. Yoga und Zen sind *Lebensübungen,* die sich langsam zu Grundhaltungen formen. Echte Stille will *eingeübt* sein, dann verwächst sie nach und nach in uns mit dem Wesen. Und nur in das *Schweigen* hinein ergeht Gottes Ruf. Ich gehe davon aus, daß die Wurzel des Glaubens das Bewußtsein ist: *von Gott gerufen* zu sein. Religion besteht in Gottes Ruf und des Menschen Antwort. Jede Wortverkündigung ist eine Erneuerung des Rufes. Aber der Ruf erreicht unser Inneres nicht, wenn es da nicht erst *still* wurde, wenn wir nicht lernten, unser eigenes Nichtwissen und unser Verstummen vor der Unbegreiflichkeit Gottes zu realisieren.

A Erwarten Sie da nicht von Kindern ein Verhalten, zu dem man die Einsicht eines reifen Christen braucht?

B Ich gehe von dem Vertrauen aus, daß die Kinder aufgrund ihres Kindseins und ihrer Taufe noch eine größere Nähe zum *Ursprung* haben als die meisten Erwachsenen, Antennen für Mitteilung aus einem höheren Bereich, Fenster der Seele, die sich nach oben öffnen. Und ich sehe meine erste Aufgabe darin, daß sie diese Art *Hör*fähigkeit und diese Art Lichtempfindlichkeit in sich selbst entdecken — durch *Einübung* — durch eine Stille, die zugleich Lauschen ist.

Die Kinder ahnen allmählich, was es heißt, eingelassen werden in die Wirklichkeit Gottes. Man ist mit seinem lauten ichhaften Wesen und Wünschen nicht mir nichts dir nichts im Bereich der göttlichen Offenbarung. Die Zutrittsgnade will ins Spiel kommen. Lesen Sie das 12. Kapitel des Hebräerbriefes! Und der Zutritt hat *Stufen*. Die Seele löst sich nur nach und nach vom Vielen der Dinge und von ihrer Außenseite, um sich für ihren Sinngrund zu öffnen. Dieser Prozeß braucht Zeit. Und den Schutz einer gewissen Verborgenheit.

A Darum dämpfen Sie wohl auch das Licht ab?

B Helles Licht brauchen wir in der Religionsstunde nur zum Lesen oder Schreiben. In der Bibel ist das Zeichen der Gegenwart Gottes die Wolke. In vielen Berufungsgeschichten ist es Nacht. Wozu lautes Licht? Lichtstärke im Gottesdienst oder in der Glaubensstunde provoziert nur Lautstärke, Äußerung des *eigenen* Menschen, Erhöhung von Feierlichkeit, nicht Gewinn von Innerlichkeit.

A Gehen alle Kinder Ihren Weg mit?

B Nein, immer weniger.

Religionsunterricht ist heute Kampf des David gegen Goliath. Die Umwelteinflüsse, die den Horizont des Kindes auf ein physikalisch meßbares Weltbild einengen, werden immer stärker. Der Fernsehapparat erobert auch in unserm Land jedes Haus. Daß Gott, der Unfaßbare, Unbegreifbare, dem Kind wirklicher bleibt oder wird als alle Wirklichkeit sonst, ist ein Wunder. Ich rechne mit Wundern, aber ich rechne immer weniger damit, daß wir alle Getauften oder auch nur eine Mehrzahl von ihnen in der *Schulzeit* mit dem Evangelium erreichen. Und wir haben den Mut, *die* Kinder auszuladen, die unseren Unterricht durch Störung unmöglich machen. Wir bieten ihnen eine andere Chance, eine außerschulische. Aber wahrscheinlich werden sich die Verhältnisse in kurzer Zeit umkehren. Glaubensunterweisung wird außerschulisch geschehen müssen, wenn sie in der Schulatmosphäre keinen Boden mehr findet. Sonst gefährden wir jeden später möglichen Glauben durch eine Art vorzeitigen Ausverkauf, biblisch gesprochen: das Heilige kommt vor die Hunde. Was wir dann in der Schule noch tun können, solange man uns dort haben will, wird sich auf eine allgemeine Religionslehre beschränken müssen. Wobei man gerade als engagierter Christ ständig darauf bedacht sein muß, die nur dem Glauben zugänglichen Heilsgeheimnisse, wie etwa das der Trinität oder das der Eucharistie, vor *Unbereiteten* zu schützen — um ihretwillen. Die Mysterien dürfen nicht falschem Verstehen ausgesetzt werden. Und Gottes Wort darf es nicht ohne Glaubensbereitschaft geben, sonst ist es in einer der Schubladen vordergründigen Bescheidwissens abgesichert gegen die Chance, das *Innere* des Menschen zu erreichen.

Dem Heiligen verpflichtet

Das Kriterium der Berufung zur Ordination

Lieber Christian,

danke, daß Du wieder an meine Priesterweihe gedacht hast. Es ist ein ganz kleiner Kreis von Freunden, der dieses Datum behält, und er wird von Jahr zu Jahr kleiner. Erst dachte ich, das läge nur am Älterwerden; Schicksale führen diesen oder jenen in die äußere oder innere Ferne, und dann ist es der Tod, der Lücken reißt in einem Netz von Verbundenheiten, dessen Tragkraft man lange und dankbar verspürte; nun wird es einfach ernst mit dem Glauben, daß dieses Netz auch in jenen unsichtbaren Bereich hinüberreicht, wo es geknüpft und zum Fischfang in diese Welt hinein ausgeworfen wurde.

Aber dann hörte ich von weit jüngeren Mitbrüdern, daß es ihnen nicht anders ergehe; von ihrem Weihetag nähme kaum noch jemand Notiz, und am Ende übergingen auch sie selbst ihn. Einer meinte: Wir leben in einem degenerierenden und zu Ende gehenden Zeitalter; Kennzeichen für Degeneration ist bekanntlich Gedächtnisschwund; Vergessen, Schlaf, Tod sind Formen von Absinken ins Nichtmehrsein, am Ende geht alles sehr schnell.

Ich konnte ihm nicht völlig recht geben. Im Spätherbst sieht man schon den Ansatz von Frühjahrsknospen; so gibt es auch Zeichen dafür, daß sich in Welt und Kirche ein neues Zeitalter anbahnt; Reich Gottes ist neu im Kommen, nur kommt es anders ... Aber eines ist sicher wahr: In die Herbstphase der „Neuzeit" ist auch die allgemeine Einschätzung des Priestertums geraten. Im jüngsten Mitteilungsblatt einer Priestergemeinschaft las ich das Votum: „Priestertum ist nicht ein Stand, sondern eine Funktion an der Gemeinde" — definiert und erschöpft sich demnach also in bestimmten Verrichtungen wie Beichthören, Predigen, Messefeiern sowie im Koordinieren von Dienstleistungen anderer Mitarbeiter. Außerhalb solchen Funktionierens sollte man den Priester nicht als solchen sehen und ansprechen. In der Tat ist dann nicht einzusehen, warum er selbst und andere sich noch an sein Ordinationsdatum erinnern.

Lieber Christian, damit komme ich — via negativa — zur Beantwortung der Frage, die Du mir diesmal in Verbindung mit Deinem Glückwunsch gestellt hast: Wie ich selbst eigentlich dazu gekommen bin, Priester zu werden.

Ja, das war ein merkwürdiger Weg. Die Vorgeschichte — ich glaube, jede echte Berufswahl hat eine — reicht bis in die frühen Kinderjahre. Du weißt, ich bin nicht katholisch aufgewachsen. Aber auch der evangelische Pastor ist „Geistlicher", und ich wollte schon, bevor ich in die Schule kam, einer werden; ich verstand diesen Mann zunächst einfach vom Sonntag her, so wie man den Schmied von der Schmiede, den Lehrer vom Schulhaus und den Bauern vom Erntewagen her verstand. Nun werde ich Dir kaum deutlich machen können, was für uns (vor dem Ersten Weltkrieg noch!) der Sonntag war, sicher nicht weniger als für den gläubigen Juden bis heute noch der Sabbat. Sonntag war einfach anders; er war „heilig", er war das Bezogensein der Welt auf Gott; seine Luft umgab uns jeweils wie der Frühling, der sich ohne menschliches Zutun und Wissen über die Erde breitet. Wir suchten ihn zu halten, wie es das 3. Gebot will. Das Knechtliche, überhaupt das Unfestliche (wie bei uns Kindern etwa Etüdenspielen oder gar Schularbeiten oder auch nur das Reden davon) waren schlechthin suspendiert; bestimmte Erfüllungen gibt es bekanntlich nicht ohne die Hohlform gewisser Entsagungen. Der Sonntag war jeweils die Perle in der Fassung Zeit, die übrige Woche dazu da, den Kaufpreis für diese Perle aufzubringen und die Fassung für sie zu schmieden. Sonntag war also Gipfel, nicht Zwischenraum. Der Glanz dieses Tages hat mich in jenen frühen Jahren, wo zumeist schon Vorentscheidungen für das Leben fallen, fühlig gemacht für die Ewigkeit, für einen Sinn der Welt oberhalb ihrer vordergründigen Zwecke, hat eine Vorliebe in mir geweckt für alles, was Gott und Mensch miteinander gemeinsam haben.

Unter den biblischen Geschichten gab es damals zwei, die ich besonders liebte: einmal die von dem Knaben Samuel, der beim Priester Eli aufwuchs, im Bundeszelt, wo er mit einem linnenen Ephod bekleidet Dienst tat vor dem Herrn. Er schlief bei der Gotteslampe. Von dieser Gotteslampe hatte ich eine Vorstellung. Zwar habe ich bis zu meinem 18. Lebensjahr nie ein katholisches Gotteshaus betreten und ein ewiges Licht gesehen. Aber in unserem Dorf gab es ein Armenhaus; da wohnte eine Witwe mit mehreren Kindern, katholisch; in einem Winkel der dunklen Stube flackerte vor einem Öldruck der Maria ein rotes Licht; diese geheimnisvolle Stelle war für mich so etwas wie ein Fenster in der Wand zum Jenseits, eine Ahnung von Sakrament.

Eines Nachts also, als die Gotteslampe brannte — sonst war alles dunkel —, rief Gott Samuel an: Samuel, Samuel! Er rief: Hier bin ich! und lief zu Eli; denn er meinte, dieser habe ihn gerufen. So geschah es dreimal, bis Eli erkannte, daß der Herr den Knaben rief und ihn lehrte zu antworten: Rede, Herr, Dein Diener hört! Es erschien mir nicht weiter wunderbar, daß Gott mit Samuel sprach; er befand sich ja im Heiligtum, ja, er war dort regelrecht zu Hause, er schlief sogar dort.

Eine ähnliche Faszination hatte für mich die Geschichte vom zwölfjährigen Jesus im Tempel. Da war wieder dieses fraglose Herüberreichen der göttlichen Sphäre ins Hier und Jetzt (das „Katholische"!). Dieser Zwölfjährige mit seinem Ausruf „Muß ich nicht sein in dem, was meines Vaters ist!" war der Sprecher einer Wirklichkeit und einer Sehnsucht, wie ich sie genau an den Sonntagen erlebte — ich bin überzeugt, es gibt sie in allen Menschen, die der Finger Gottes irgendwann einmal berührt hat.

Verstehst Du, warum ich damals Pastor werden wollte? Er hatte genau diese Art Zuhause. Von dorther kam er, und dorthin ging er; dorthin gehörte er, und dorthin nahm er mit.

Hier sehe ich nun auch den Grund, warum ich später (sehr spät, nach vielen Umwegen) wirklich Priester geworden bin. Damals, in der Nazizeit, kam freilich ein weiteres Motiv hinzu. Wir lebten im Widerstand. Priester waren schon auf Grund ihres Amtes Leute der Résistance, Zeugen der Wahrheit, die frei macht, in einer von falschen Parolen gesteuerten und von Lügenmächten geknebelten Welt. Den Dämonien gegenüber gab es nur eine wirksame Gegenmacht: Christus — und die Verfügbarkeit für ihn. Die Verkündigung seines Evangeliums war damals eine der wenigen Chancen, den Betrug zu entlarven und zur Unterscheidung der Geister zu führen.

Und wenn Du mich jetzt fragen würdest, was heute wie damals das entscheidende Kriterium für eine Berufung zum Priestertum ist, dann würde ich vielen anderen Trends entgegen doch sagen: Der Bezug zum Heiligen als der letzten Wirklichkeit. Nach der Definition des Hebräerbriefes ist der Priester für die Menschen aufgestellt „in iis, quae ad Deum sunt". Frei übersetzt heißt das: Was Richtung Gott hat, dafür ist er da und kompetent. „Gut", so wie Menschen gut sind, ist ein vorletzter Wert. Wir sind in biblischer Sicht kein „gutes" Volk, aber „ein heiliges Volk", insofern wir im Bund mit Gott leben dürfen und Er uns seinen heiligen, sündenvergebenden Geist mitgeteilt hat und fortdauernd mitteilt. Dieser Sphäre der Heiligkeit ist der Priester nicht lediglich als Funktionär, sondern kraft seiner Weihe existentiell und habituell zugeordnet. Auch unsere gehetzte und überbeanspruchte Welt ist dazu berufen, am Ende in sie einzugehen, in die „Ruhe Gottes", von der der 94. Psalm spricht; das neutestamentliche Wort dafür ist das des Auferstandenen: „Friede euch!" Wer nach Gottes Willen und Berufung in dieser Ruhe angesiedelt ist, wer von dorther kommt, kann auch da hineinführen.

Der Priester ist heute in eminentem Maße auch sozial gefordert. Sein Eintreten für die Armen, die Enterbten und Entrechteten ist in unserer westlichen Welt heute ähnlich wichtig, wie es zur Zeit des Dritten Reiches (und hinter den Eisernen Vorhängen der Diktaturen auch weiterhin) das unerschrockene Eintreten für die Wahrheit war. Als letztes und tragendes Motiv genügt der Wille zum sozialen Einsatz nicht, wenn einer daran denkt, Priester zu werden. Zu dieser Berufung gehört unausweichlich auch der Bezug zum Heiligen. Nur im Heiligen, im Milieu Divin, verbirgt sich die innere Mächtigkeit, die auch den Zölibat nicht nur durchhalten läßt, sondern dieser Lebensform jenen Glanz gibt, der ihn zu einem Zeichen und einer Verkündigung der kommenden Welt werden läßt.

Kirche anders

Eine Zeitschrift stellte mir die Frage, ob ich nicht versuchen wolle, die zumeist recht allgemeinen oder diffusen Vorstellungen der Christen von Erneuerung in der Kirche durch Beispiele für Erwünschtes, wenn vielleicht auch einstweilen Utopisches, zu konkretisieren — und zwar nicht so sehr im Hinblick auf den einzelnen, als auf die „amtliche" Kirche hin.

Tür an Tür mit der heutigen Welt wohnen

Die Welt ist in einem Maße verändert, daß die leitenden Kirchenmänner wieder Tür an Tür mit ihr wohnen und leben müßten, um sie — auch sie, die so veränderte! — wirklich zu kennen und zu lieben, ihre Fragen und Probleme zu verstehen und „allen alles zu werden" (1 Kor 9,22). Vorrechte der Kirche, entsprechende Repräsentationspflichten und ein großer kirchlicher Apparat täuschen gerade die Verantwortlichen leicht darüber weg, wie viele getaufte Menschen der aus anderen geschichtlichen Bedingungen hervorgegangenen Gestalt von Kirche inzwischen entfremdet sind. Will man diese Menschen und kommende Generationen noch oder wieder erreichen, ist man genötigt, das „Milieu", das sich in einer Zeit ausformte, wo Christentum etablierte Religion war, aufzubrechen, fast wie in den ersten christlichen Zeiten; damals galt es, den Status quo einer synagogal geprägten Christengemeinde mit ihrem Festhalten an den Brauchtümern des Judaismus zu überschreiten in die Diaspora der Heidenwelt hinüber. Denn nur die unmittelbare Sprache des Evangeliums in Leben und Verkündigung hatte die Chance, den Erdkreis zu erobern. Gilt ähnliches nicht heute wieder? Und warum sollten in dieser lebenswichtigen Frage die leitenden Männer durch ihr Beispiel nicht die Avantgardisten sein? Nicht mit großen neuen Programmen. Es geht um etwas sehr Schlichtes: um den Lebens- und Wohnstil, den Sprach- und Denkstil „mitten in der Welt".

Vorrang der „armen" Mittel – betendes Domkapitel – predigende Bischöfe

Synoden, Sitzungen, Konferenzen, Papiere über Papiere auf allen kirchlichen Ebenen. Sind die „armen" Mittel Jesu über all diesem durch Geld ermöglichten Aufwand und diesen Anstrengungen (unter fast totaler Inanspruchnahme so vieler hoher Begabungen) nicht immer mehr in den Hintergrund getreten, in Bewußtsein und Praxis entschieden zu kurz gekommen? Wie wenig Kraft und Zeit bleibt den Männern der Kirche noch für den unmittelbaren „Dienst am Wort" (Apg 6,4), für gemeinsames Gebet, für das unabdingbare notwendige *persönliche* Sich-Sorgen um die Seelen der Menschen? Glaubt man noch an den absoluten Vorrang dieser „armen" Mittel im Einsatz für Gottes Reich? Verwirklicht man ihn? Wo gibt es beispielsweise noch oder wieder ein Domkapitel, das seiner Gründungsurkunde und -absicht (und sogar seiner kirchenrechtlichen Definition) entsprechend Tag um Tag gemeinsam mit seinem Bischof wenigstens einen Teil des Stundengebetes, etwa die Terz am Morgen und die Vesper am Abend, betet und die Eucharistie feiert, womöglich jeweils mit einer Homilie für eine dann gewiß nicht fehlende Gemeinde? Welch eine geistliche Chance wäre das nicht nur für die Bewohner der Domstadt, sondern für das ganze Bistum und für viele Suchende! Auf einfältiges Zeugnis solcher Art für die Wirklichkeit Gottes, für einen Sinn hinter allem Sinnlosen wartet unsere heutige Welt sehr viel mehr, als man

bei allem kirchlichen Konferieren und Planen zu denken geneigt ist.
Hier, im gemeinsamen Stundengebet des Bischofs mit dem Domkapitel, fänden die Pfarrer und Kapläne von Regionen und Dekanaten das notwendige Vorbild von Gebetskommunität (auch eine unter Opfern und Schwierigkeiten verwirklichte!). Und vielleicht sogar die Schule rechten Betens, was Form und Gestalt betrifft. Geht es hier nicht um das Wichtigste, das Grundlegende aller christlichen Existenz und aller priesterlichen Vollmacht, um den Heiligen Geist? Ihn empfängt man nur in einmütigem Gebet (Apg 2,1).
Zu der Utopie „Betendes Domkapitel" eine weitere: Wie, wenn von den vierhundert Mitarbeitern — Domkapitularen, Priestern und Laien — einer Diözesanverwaltung (so viele zählt heute ein Bistum wie Münster) eine engagierte und geschulte Hälfte an Sonntagen in die Städte und Dörfer ausschwärmte, um zur Entlastung von Pfarrern das Evangelium verkünden zu helfen und in kleinen priesterlosen Gemeinden würdige Gottesdienste zu feiern? — Wie, wenn der Bischof und die Regionalbischöfe an den Sonn- und Feiertagen des Jahres auf je einer anderen Kanzel der Diözese stünden und nachher Zeit hätten für die besonderen Fragen und Nöte einer Gemeinde? Was kann uns denn mehr helfen als solch unmittelbarer Dienst am Wort und das ebenso unmittelbar persönliche Dasein der Hirten unter der Herde? Hirtenbriefe vom Schreibtisch aus sind dafür kein Ersatz.

Neue Arkandisziplin

Die Kirche sündigt seit Jahrzehnten zunehmend und mit immer schlimmeren, wenn auch jetzt noch unterschwelligen Folgen durch die beharrliche Nichtbeachtung der Weisung Jesu: „Gebt das Heilige nicht den Hunden, und werft die Perlen nicht vor

die Schweine!“ (Mt 7,6). In einer Zeit und Welt des Neuheidentums wäre eine neue Form von Arkandisziplin längst gefordert. — Wie das Verständnis etwa einer Bachschen Fuge nicht nur für den Sinn für Musik, sondern dazu noch die intensive Schulung dieses Sinnes voraussetzt, so sind die Geheimnisse des Gottesreiches nur dem Glauben und jeweils bestimmten Glaubensstufen zugänglich. Jesus wartet die Stunde ab, bis die Jünger selber bitten: „Herr, lehre uns beten!“, bevor er ihnen das Vaterunser vorspricht. Die Eucharistie feiert er mit ihnen am Vorabend seines Todes, nachdem er sie „nicht mehr Knechte, sondern Freunde“ nennen kann, weil er sie in alles eingeweiht hat, was der Vater ihm zu offenbaren auftrug. Das Vaterunser ist ein Arcanum, die Eucharistie ist ein Mysterium. Ohne das entsprechende Organ und den entsprechenden Hunger wird diese Art Nahrung nicht verdaut und assimiliert. Heute setzen wir in den Schulen, aber auch in den Massenmedien den Glauben mancherorts noch genauso voraus, wie es in einer von christlichen Grundsätzen bestimmten Zeit und Welt berechtigt sein mochte — obwohl jeder Religionslehrer bezeugen kann, daß eine größere Zahl von Schülern nicht mehr die geringste Bereitschaft für die Welt der Offenbarung mitbringt, ein gottfernes Milieu hat sie dagegen immunisiert; der Boden müßte erst in langer zäher Arbeit wieder bereitet werden. (Charles de Foucauld rechnete bei den Tuaregs mit langen Zeiten der Vorbereitung auf das Christentum, mit Jahrzehnten, wo er es nur vorleben, den Namen Jesus aber nicht aussprechen konnte.)
Verzichtet man auf die Voraussetzung des Glaubens, weil der schulische Lehrplan sie nicht vorsieht oder der bischöfliche Terminkalender dieses oder jenes Firmdatum bereits festgesetzt hat, behandelt man also die Geheimnisse des Glaubens wie die beliebig einlernbaren Gegenstände einer natürlichen Religion, so ist das Resultat Bescheidwisserei, die ein mögliches späteres echtes Erreichtwerden von den Inhalten der Offenbarung ge-

radezu blockiert. Die Nichtachtung der für die göttliche Offenbarung spezifischen Zutrittsgnade (deren Bedeutung der Hebräerbrief besonders hervorhebt, 12,22 ff.), hat für die Verwalter der Mysterien nach Mt 7,6 am Ende katastrophale Wirkungen: „Sie werden die Perlen mit ihren Füßen zertreten, sich umkehren und euch zerreißen."

Gottes Gnade geht über menschliche Planung

Wird nicht ein wesentliches Stück des Auftrags Christi und der Zukunft des Evangeliums kirchlicher Innenpolitik geopfert, wenn man trotz immer fortschreitenden Priestermangels auf dem Junktim von Zölibat und Presbyterat besteht und sich weigert, bewährte verheiratete Männer zu Priestern zu weihen? Es besteht doch kein Grund, an deren charismatischer Eignung für dieses Amt und damit an ihrer Berufung zu zweifeln, wenn sie das theologische Rüstzeug haben und sich unter Preisgabe großer weltlicher Vorteile zu solchem Dienst bereitfinden. Richtet sich hier nicht menschliche Planung gegen die Gnade auf? Wenn Gott selbst die Berufung zum Priestertum und Zölibat nicht aneinander bindet, darf die Kirche es? Hindert sie dann nicht die Wege Gottes? Besteht sie nicht auf Übersicht, während Gott ihren Glauben will? Gottes Gnade verfügt doch über uns, wir nicht wie Regisseure über sie. Die Apostel und viele ihrer Helfer und Nachfolger waren verheiratete Männer — in ihren Zeiten das Normale. Warum sollte Gott in unserer Zeit des immer erschreckenderen Priestermangels nicht auch wieder verheiratete Männer zu apostelgleichen Priestern erwecken?

Identität mit den Ärmsten steht über dem Arrangement mit den Mächtigen

In mehr als sechzig meist totalitären Staaten der Welt wird noch oder wieder gefoltert; darunter sind viele lateinamerikanische Länder, die von katholischen Machthabern geführt werden, von Leuten, die Wert legen auf ihre öffentliche Zugehörigkeit zur Kirche und die an ihren Gottesdiensten teilnehmen. Die Kirche hätte die Pflicht, sie zurechtzuweisen, gegebenenfalls öffentlich, und ihnen den Zutritt zur Eucharistie zu verweigern. Folterung, das ist Untermenschentum, Hölle. Jesus selbst wurde gefoltert. Seine Identität mit allen Gemarterten, Geschundenen, Wehrlosen gehört zum Kern seiner Botschaft. Man kann nicht mitfoltern und Eucharistie feiern.

Es ist nicht zu leugnen, daß viel offizielle und repräsentierende Kirche die Identifizierung Jesu mit den Armen und Ärmsten nicht überzeugend mitvollzieht. Warum nicht mitvollzieht? Das Arrangement mit den Mächtigen steht auf dem Spiel. Hier liegt einer der Gründe, warum heutige junge Menschen sich nicht selten weigern, für das Christentum zu optieren. Schweigendes Wegsehen oder achselzuckendes Beiseitestehen angesichts schreienden Unrechts — als Kaufpreis für Weiterexistenz von Kirche im bisherigen staatlich geschützten Rahmen, das ist die Preisgabe der leuchtenden Substanz des Christentums. „Wer sein Leben um meinetwillen verliert, der wird es retten; wer es retten will, der wird es verlieren!" (Lk 9,24). Auch kirchliche Selbstbewahrungsangst steht unter dem Gericht dieses Wortes. Der am Kreuz schrie: „Mein Gott, mein Gott, warum hast du mich verlassen?" fragt heute in Tausenden von Gefolterten die Hierarchie: „Wozu hast Du mich verlassen?"

Präsenz der Kirche vor Repräsentanz

Die Enzyklika „Populorum Progressio" war eine gute Sache. Inzwischen ist deutlich geworden, daß solche Dokumente gerade bei denen, die sie lesen und beachten müßten, völlig unbeachtet bleiben. Ihre praktische Wirksamkeit ist gleich Null. Entsprechendes gilt von der mit allem Gepränge erfolgenden Repräsentanz der Kirche auf eucharistischen Kongressen oder bei anderen Gelegenheiten. Welche Chance hätte dagegen die spontane Präsenz des Papstes und die entsprechende von Bischöfen an Brennpunkten der Not, des Hungers und der Unterdrückung in der Welt? Schwedische Flieger flogen ununterbrochen nach Biafra — warum nicht auch einmal der Papst? Nordost-Brasilien, die Hungerzonen des Erdballs, die Gefängnisse Lateinamerikas, in denen gefoltert wird — was für ein Zeugnis des Evangeliums wäre das jeweils: die unerwartete Gegenwart des Papstes!

Jeder Überfluß gehört den Armen

Papst Paul VI. in seiner Botschaft zur Fastenzeit 1974: „Die Erwartungen, die wir in das Heilige Jahr setzen, werden sich nicht erfüllen, wenn sich in uns nicht ein gewisser Bruch vollzieht ... Der Geist der Fastenzeit fordert von uns den Bruch mit der selbstischen Anhänglichkeit an unsere irdischen Güter. Der heilige Basilius ruft den Reichen zu, ‚Das Brot, dessen du nicht bedarfst, ist das Brot der Hungernden. Das Kleid, das in deinem Schrank hängt, ist das Kleid dessen, der nackt ist. Die Schuhe, die du nicht trägst, sind die Schuhe dessen, der barfuß ist. Das Geld, das du verschlossen aufbewahrst, ist das Geld der Armen. Die Liebestaten, die du nicht verrichtest, sind ebenso viele Ungerechtigkeiten, die du begehst ...‘ — Wir säen Haß und verursachen Konflikte, wenn wir Schätze anhäufen, während andere nichts besitzen, wenn wir die Sorge um das eigene Morgen dem Heute des Nachbarn vorziehen, wenn wir uns aus Unwissenheit oder Eigensucht weigern, von unserem Überfluß denen mitzuteilen, denen das Notwendige fehlt ... Wir wären glücklich, wenn ihr in diesem unseren Anruf ein doppeltes Echo vernähmt, das Echo der Stimme des Herrn, die euch mahnt, und das der Menschheit, die euch um Hilfe anfleht.“

Ein Mann hatte zwei schöne Barockschränke, jeder ein paar Tausende wert. Weil er sich nicht entschließen konnte, einen von den beiden zu verkaufen, verhungerte eine Familie nebenan. Die Vatikanischen Sammlungen sind eine Häufung von Kunstschätzen immensen Wertes. Eine energische Durchforstung dieser Bestände könnte ein Museum entstehen lassen, das den kunstpädagogischen Erkenntnissen unserer Zeit entspräche. Kunstwerke sind zum Schauen und Meditieren da. Sie ersticken in der Massierung. Sie brauchen Luft und Licht.

Und die Hungernden brauchen Brot.

Durch sukzessiven Verkauf wenigstens der Hälfte des Bestandes könnten ganze Hungerprovinzen vor dem Tod bewahrt werden, ohne daß ein berechtigtes Kulturanliegen wesentlichen Schaden litte[1]. Denn was man da verkauft — für sehr viel Geld, das den Armen gehört, weil sie Christus sind —, wird ja nicht zerstört, sondern nur anderswo ausgestellt... Man würde sich dann nicht länger an Kunstwerken „versündigen" durch ihre Häufung an Wänden oder ihre Aufbewahrung in Magazinen. Und erst recht nicht versündigen an den Armen! Lazarus liegt vor der Tür des Vatikans und der sonstigen kirchlichen Residenzen, wie vor der Tür jedes einzelnen von uns, der dies liest. „Darin haben wir die Liebe erkannt, daß jener für uns sein Leben hingab. Auch wir müssen für die Brüder das Leben hingeben. Wer aber die Güter der Welt hat und sieht, daß sein Bruder Mangel hat, und verschließt sein Inneres vor ihm, wie kann die Liebe Gottes in ihm bleiben?" (1 Joh 3,16 f.).

1) Seit 1870 erhebt der italienische Staat auf all jene Stücke der Vatikanischen Sammlungen ein Mitbesitzrecht, die dem Papst als weltlichem Herrscher bis 1870 zukamen. Veräußert werden könnte vom Vatikan also nur, was rein kirchlicher Besitz ist. Wie groß dieser Anteil ist, entzieht sich unserer Kenntnis.

Reihe THEOLOGIE UND LEBEN

7 Johannes Oesterreicher *Die Wiederentdeckung des Judentums durch die Kirche*

9 Sr. M. Lucia OCD (Hrsg.) *Fünf Minuten täglich*

10/11 Heinrich Spaemann *Auf einen Nenner gebracht*

12 Weltraud Herbstrith *Edith Stein*

13 Gemma Woerner *Theresia von Lisieux*

14 Franz Hillig *Kleine Dinge — am Rande großer Wahrheiten*

15 Emmanuel M. Heufelder *Der Geist betet in uns*

16 Schaller/Eckert/Limbeck/Thoma/Schubert/Oesterreicher *Passionsspiele heute?*

17/18 Hermann Gilhaus *Die Weihnacht ist nicht dunkel*

19/20 Hermann Gilhaus *Am Ende steht das Leben*

21 Barbara Albrecht *Freude an der geistlichen Gemeinschaft*

22 Robert Goll *Was willst du mir sagen, Herr?*

23/24 Eugen Walter *Siehe, jetzt sind Tage des Heils*

26 L. Höfer / A. Scherer *Heilige in Krisenzeiten der Kirche*

27 Franz Scholz *Das Licht in Dir (Lk 11,35)*

28 Theresia Hauser (Hrsg.) *Grunderfahrungen*

29 Eugen Walter *Erfahrungen mit der Messe*

30 Klaus Fischer *Den Klugen verborgen, den Suchenden enthüllt*

31 Barbara Albrecht *Dimensionen christlicher Jungfräulichkeit*

32 Hermann Gilhaus *Gott auf den Straßen der Mühsal*

33 Hermann Gilhaus *Siebzigmal siebenmal*

35/36 Gerhard Grosche *Über sich selbst hinaus*

37 Alice Scherer (Hrsg.) *Frauen im Umbruch der Zeit*

38 Gerhard Grosche *Kreuzweg*

41 Richard Thalmann *Sieben Meß-Meditationen*

42 Hermann Gilhaus *Ich lebe mein Kreuz*